Impressum
Verlag: BABADADA GmbH, Nedderfeld 112 , 22529 Hamburg
Geschäftsführer / Verlagsleitung: Harald Hof
Druck: Books on Demand GmbH, In de Tarpen 42, 22848 Norderstedt

Imprint
Publisher: BABADADA GmbH, Nedderfeld 112 , 22529 Hamburg, Germany
Managing Director / Publishing direction: Harald Hof
Print: Books on Demand GmbH, In de Tarpen 42, 22848 Norderstedt, Germany

škola

skole

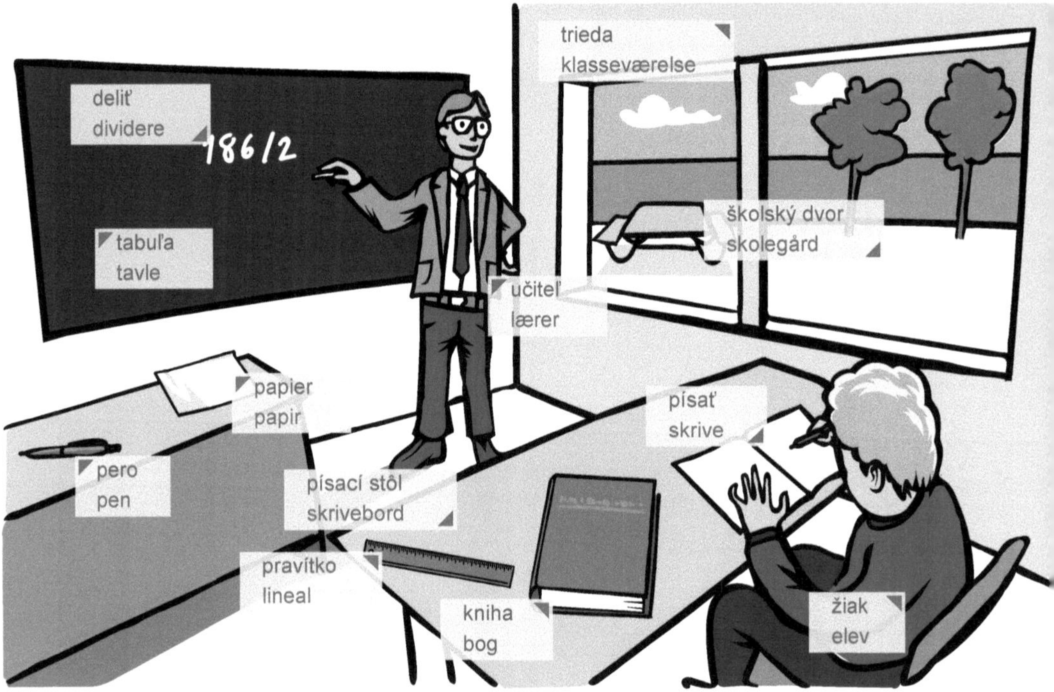

deliť
dividere
186/2
trieda
klasseværelse
tabuľa
tavle
školský dvor
skolegård
učiteľ
lærer
papier
papir
písať
skrive
pero
pen
písací stôl
skrivebord
pravítko
lineal
kniha
bog
žiak
elev

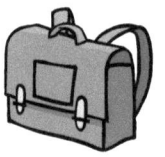

školská taška

skoletaske

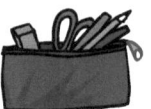

peračník

penalhus

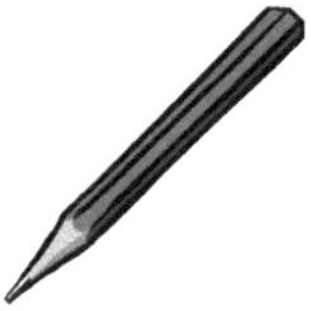

ceruza

blyant

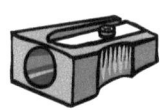

strúhadlo na ceruzky

blyantspidser

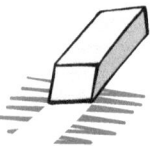

guma

viskelæder

skicár

tegneblok

kresba

tegning

štetec

pensel

vodové farby

æske med vandfarver

nožnice

saks

lepidlo

lim

cvičný zošit

opgavehefte

domáca úloha

lektie

číslo

tal

sčítať

addere

odčítať

subtrahere

násobiť

multiplicere

počítať

regne

písmeno

bogstav

abeceda

alfabet

hello

slovo

ord

text
tekst

čítať
læse

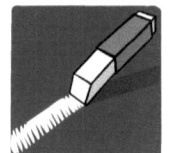

krieda
kridt

hodina
time

triedna kniha
klasseprotokol

skúška
eksamen

certifikát
karakterbog

školská uniforma
skoleuniform

vzdelanie
uddannelse

encyklopédia
leksikon

univerzita
universitet

mikroskop
mikroskop

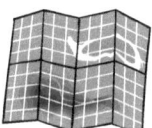

mapa
kort

kôš na papier
papirkurv

cesta
rejse

hotel
hotel
Grand
nocľaháreň
herberg
ROOMS
EXCHANGE
zmenáreň
vekselkontor
kufor
kuffert
auto
bil

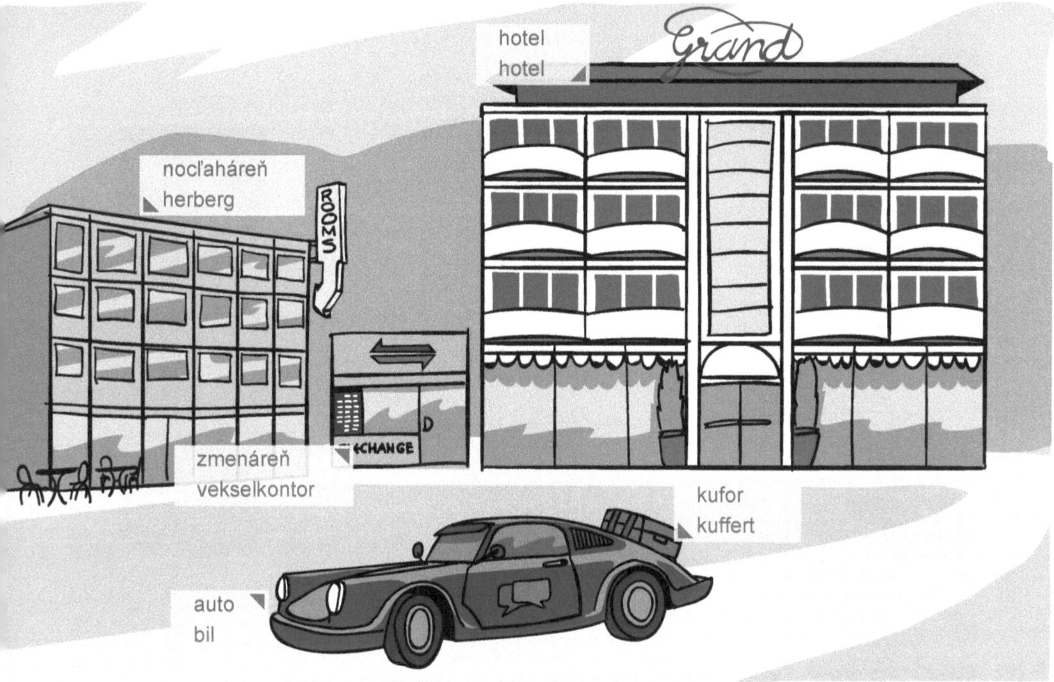

jazyk

sprog

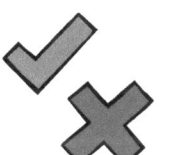

áno/nie

ja / nej

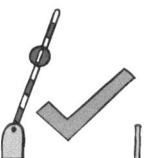

v poriadku

okay

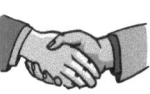

ahoj

hej

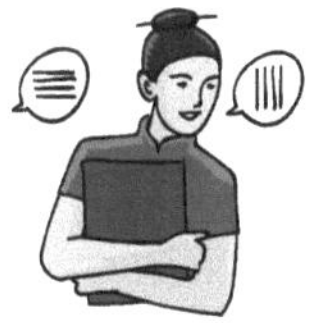

prekladateľ

oversætter

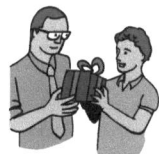

ďakujem

tak

Koľko stojí ... ?

hvad koster...?

Nerozumiem

Jeg forstår ikke

problém

problem

Dobrý večer!

God aften!

Dobré ráno!

God morgen!

Dobrú noc!

God nat!

Dovidenia

farvel

smer

retning

batožina

bagage

taška

taske

batoh

rygsæk

hosť

gæst

izba

værelse

spacák

sovepose

stan

telt

informácie pre turistov	pláž	kreditná karta
turistinformation	strand	kreditkort

raňajky	obed	večera
morgenmad	middagsmad	aftensmad

cestovný lístok	výťah	poštová známka
billet	elevator	frimærke

hranica	clo	veľvyslanectvo
grænse	told	ambassade

vízum	cestovný pas	
visum	pas	

doprava

transport

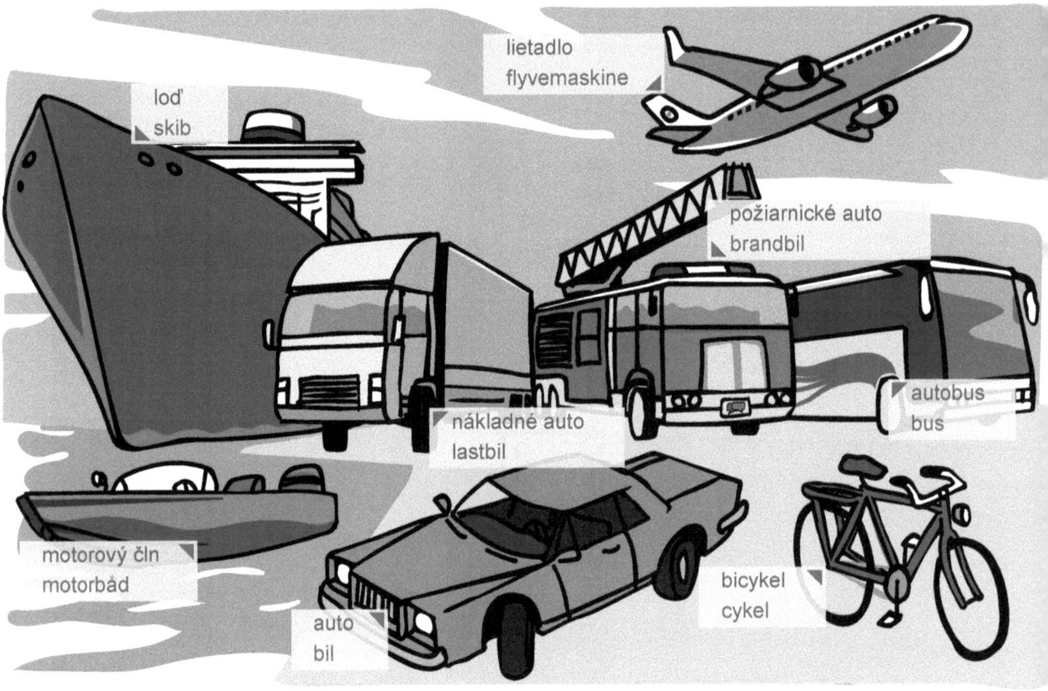

lietadlo
flyvemaskine
loď
skib
požiarnické auto
brandbil
autobus
bus
nákladné auto
lastbil
motorový čln
motorbåd
bicykel
cykel
auto
bil

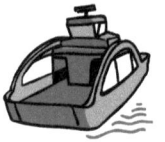

trajekt
færge

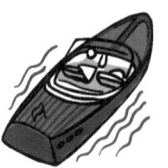

loď
båd

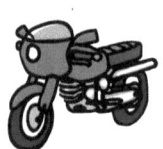

motorka
motorcykel

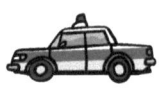

policajné auto
politibil

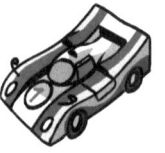

pretekárske auto
racerbil

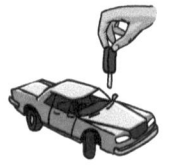

vozidlo z požičovne
lejebil

carsharing

samkørsel

odťahové auto

kranbil

smetiarske auto

skraldebil

motor

motor

benzín

benzin

čerpacia stanica

tankstation

dopravná značka

trafikskilt

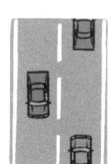

premávka

trafik

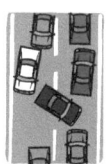

zápcha

trafikprop

parkovisko

parkeringsplads

vlaková stanica

banegård

trate

skinner

vlak

tog

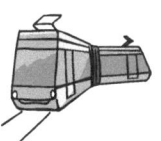

električka

sporvogn

vagón

wagon

helikoptéra

helikopter

letisko

lufthavn

veža

tårn

pasažier

passager

kontajner

container

kartón

karton

vozík

kærre

kôš

kurv

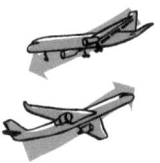

štartovať / pristáť

starte / lande

mesto

by

dedina

landsby

centrum mesta

bymidte

dom

hus

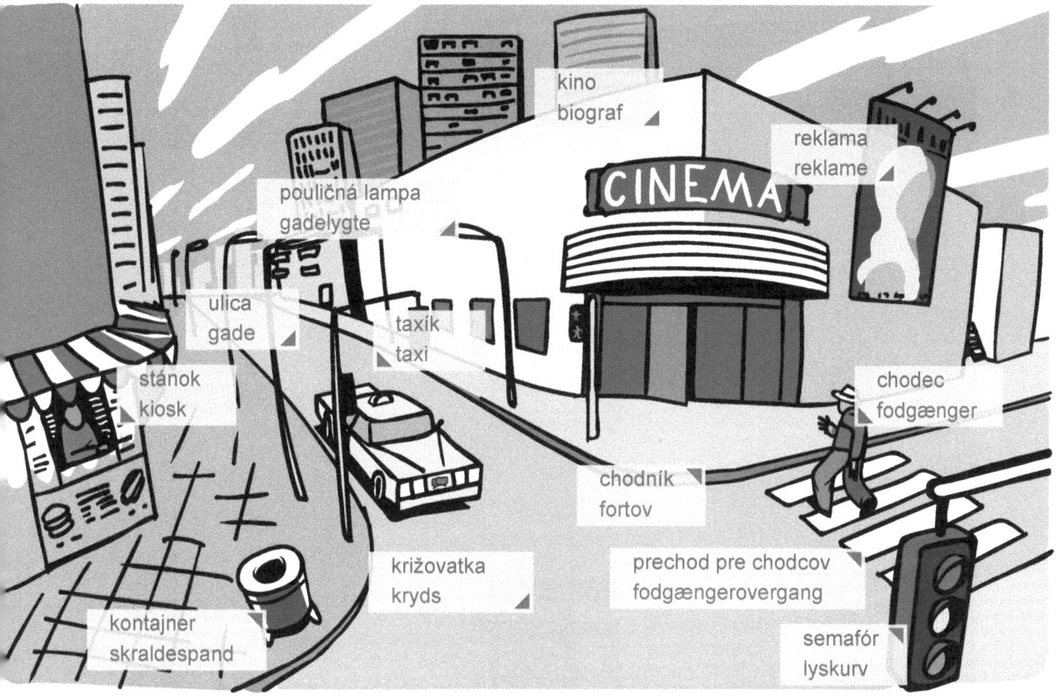

kino
biograf
reklama
reklame
CINEMA
pouličná lampa
gadelygte
ulica
gade
taxík
taxi
stánok
kiosk
chodec
fodgænger
chodník
fortov
križovatka
kryds
prechod pre chodcov
fodgængerovergang
kontajner
skraldespand
semafór
lyskurv

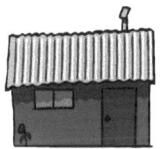

chata

hytte

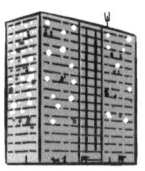

byt

lejlighed

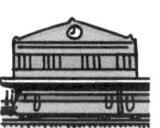

vlaková stanica

banegård

radnica

rådhus

MUSEUM

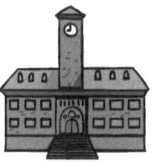

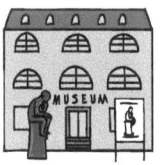

múzeum

museum

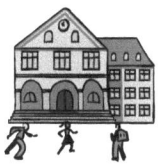

škola

skole

univerzita

universitet

banka

bank

nemocnica

sygehus

hotel

hotel

lekáreň

apotek

kancelária

kontor

kníhkupectvo

boghandel

obchod

butik

kvetinárstvo

blomsterbutik

supermarket

supermarked

trh

marked

obchodný dom

stormagasin

obchodník s rybami

fiskehandler

nákupné stredisko

butikscenter

prístav

havn

park

park

lavička

bænk

most

bro

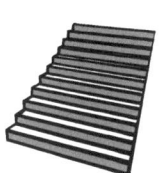

schody

trappe

metro

undergrundsbane

tunel

tunnel

autobusová zastávka

busstoppested

bar

barnevogn

reštaurácia

restaurant

poštová schránka

postkasse

tabuľa s názvom ulice

vejskilt

parkovacie hodiny

parkometer

ZOO

zoo

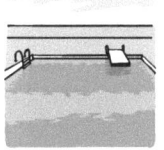

plaváreň

badeanstalt

mešita

moske

farma

bondegård

znečisťovanie životného prostredia

miljøforurening

cintorín

kirkegård

kostol

kirke

ihrisko

legeplads

chrám

tempel

terén
landskab

list
blad

smerová tabuľa
vejviser

cesta
vej

lúka
eng

kameň
sten

strom
træ

turista
vandrer

rieka
flod

tráva
græs

kvet
blomst

dolina

dal

kopec

bjerg

jazero

sø

les

skov

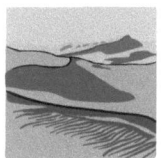

púšť

ørken

vulkán

vulkan

zámok

slot

dúha

regnbue

hríb

svamp

palma

palme

komár

moskito

mucha

flue

mravec

myre

včela

bi

pavúk

edderkop

chrobák

bille

žaba

frø

veverička

egern

jež

pindsvin

zajac

hare

sova

ugle

vták

fugl

labuť

svane

diviak

vildsvin

jeleň

hjort

los

elg

hrádza

dæmning

veterná turbína

vindmølle

solárny panel

solcellemodul

podnebie

klima

reštaurácia

restaurant

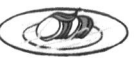

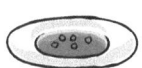

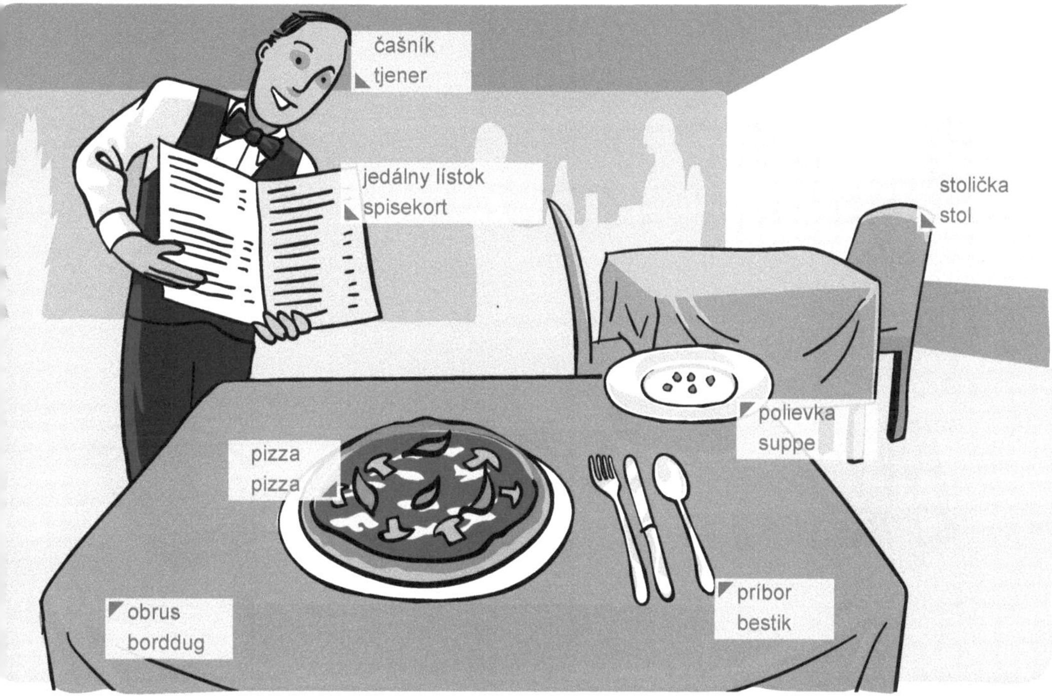

čašník
tjener
jedálny lístok
spisekort
stolička
stol
polievka
suppe
pizza
pizza
obrus
borddug
príbor
bestik

predjedlo

forret

hlavné jedlo

hovedret

zákusok

dessert

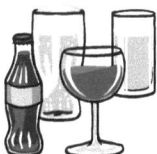

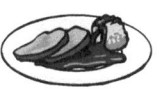

nápoje

drikkevarer

jedlo

mad

fľaša

flaske

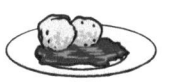

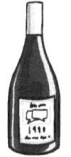

fast-food

fastfood

street food

streetfood

kanvica na čaj

tekande

cukornička

sukkerdåse

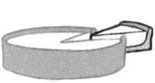

porcia

portion

stroj na espresso

espressomaskine

detská stolička

barnestol

účet

faktura

podnos

tablet

nôž

kniv

vidlička

gaffel

lyžica

ske

čajová lyžička

teske

obrúsok

serviet

pohár

glas

reštaurácia - restaurant

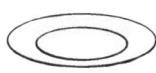

tanier

tallerken

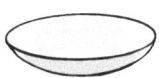

hlboký tanier

dyb tallerken

podšálka

underkop

omáčka

sovs

soľnička

saltbøsse

mlynček na korenie

peberkværn

ocot

eddike

olej

olie

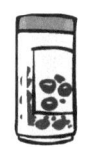

korenie

krydderier

kečup

ketchup

horčica

sennep

majonéza

mayonnaise

supermarket
supermarked

špeciálna ponuka
tilbud
FOR
klient
kunde
mliečne výrobky
mælkeprodukter
ovocie
frugt
nákupný vozík
indkøbsvogn

BUTCHERS

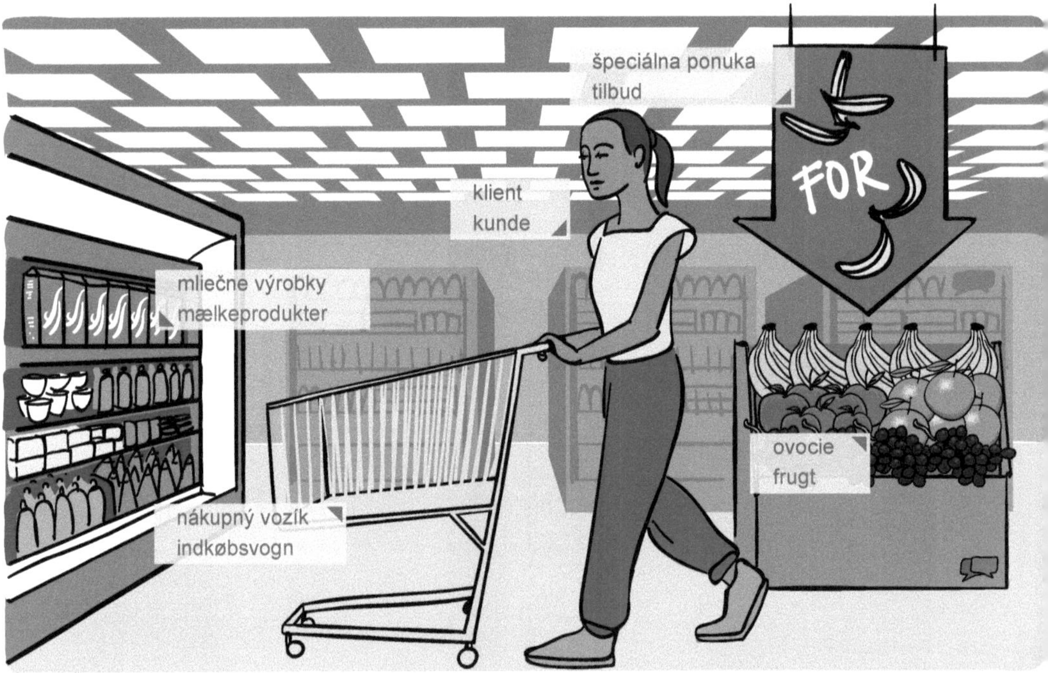

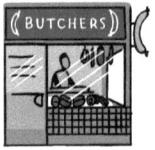

mäsiarstvo

slagter

BAKERY

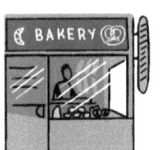

pekáreň

bageri

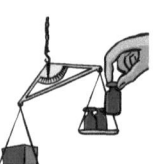

vážiť

veje

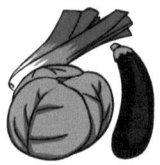

zelenina

grøntsager

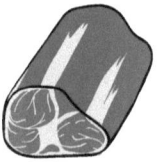

mäso

kød

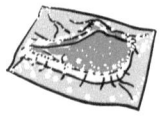

mrazené potraviny

frostvarer

nárez

pålæg

konzervy

konserves

prací prostriedok

vaskemiddel

sladkosti

slik

domáce potreby

husholdningsvarer

čistiace prostriedky

rengøringsmidler

predavačka

ekspedient

pokladňa

kasse

pokladník

kasserer

nákupný zoznam

indkøbsliste

otváracie hodiny

åbningstider

peňaženka

tegnebog

kreditná karta

kreditkort

taška

taske

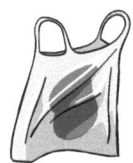

plastové vrecko

plasticpose

voda

vand

džús

saft

mlieko

mælk

kola

cola

víno

vin

pivo

øl

alkohol

alkohol

kakao

kakao

čaj

te

káva

kaffe

espresso

espresso

kapučíno

cappuccino

banán

banan

jablko

æble

pomaranč

appelsin

melón

melon

citrón

citron

mrkva

gulerod

cesnak

hvidløg

bambus

bambus

cibuľa

løg

hríb

svamp

orechy

nødder

rezance

nudler

špagety

spaghetti

ryža

ris

šalát

salat

hranolky

pomfritter

pečené zemiaky

stegte kartofler

pizza

pizza

hamburger

hamburger

obložený chlebík

sandwich

rezeň

schnitzel

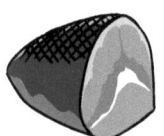

šunka

skinke

saláma

salami

klobása

pølse

kurča

kylling

pečené mäso

steg

ryba

fisk

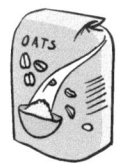

ovsené vločky

havregryn

müsli

mysli

kukuričné lupienky

cornflakes

múka

mel

croissant

croissant

pečivo

rundstykke

chlieb

brød

hrianka

toast

sušienky

kiks

maslo

smør

tvaroh

kvark

koláč

kage

vajce

æg

volské oko

spejlæg

syr

ost

jedlo - mad

25

zmrzlina
is

cukor
sukker

med
honning

lekvár
marmelade

nugátová nátierka
nougat-creme

karí korenie
karry

farma
bondegård

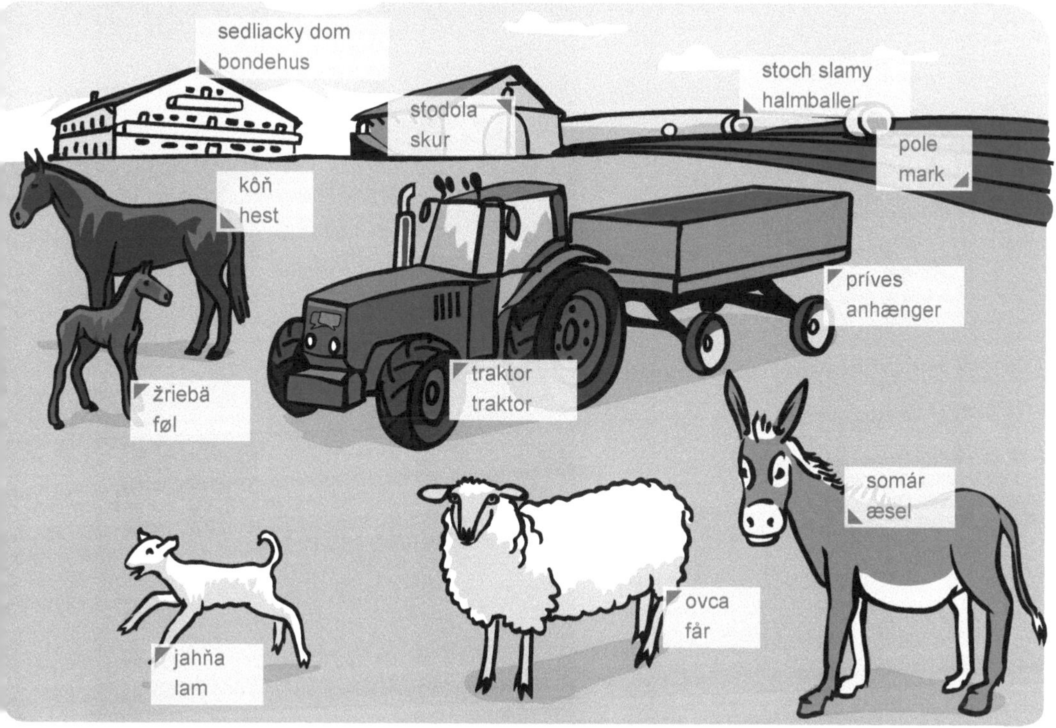

sedliacky dom
bondehus
stodola
skur
stoch slamy
halmballer
pole
mark
kôň
hest
príves
anhænger
traktor
traktor
žriebä
føl
somár
æsel
ovca
får
jahňa
lam

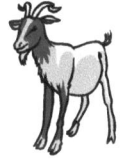

koza

ged

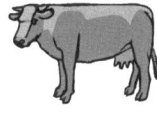

krava

ko

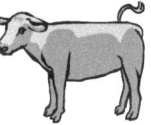

teľa

kalv

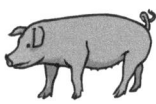

prasa

svin

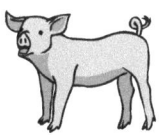

prasiatko

gris

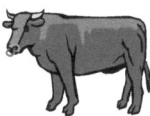

býk

tyr

hus

gås

kačica

and

kuriatko

kylling

sliepka

høne

kohút

hane

potkan

rotte

mačka

kat

myš

mus

vôl

okse

pes

hund

psia búda

hundehus

záhradná hadica

haveslange

krhla

vandkande

kosa

le

pluh

plov

kosák

segl

motyka

hakkejern

vidly na hnoj

møggreb

sekera

økse

fúrik

trillebør

koryto

trug

kanva na mlieko

mælkekande

vrece

sæk

plot

hæk

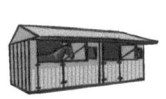

maštaľ

stald

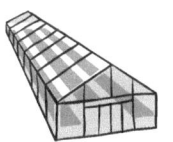

skleník

drivhus

pôda

jord

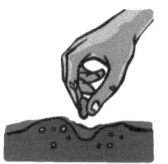

osivo

frø

hnojivo

gødning

kombajn

mejetærsker

žať

høste

žatva

høst

batát

yams

pšenica

hvede

sója

soja

zemiak

kartoffel

kukurica

majs

repka

raps

ovocný strom

frugttræ

maniok

maniok

obilie

korn

komín
skorsten

strecha
tag

dažďový odkvap
tagrende

okno
vindue

garáž
garage

zvonček
dørklokke

dvere
dør

odpadkový kôš
skraldespand

poštová schránka
postkasse

záhrada
have

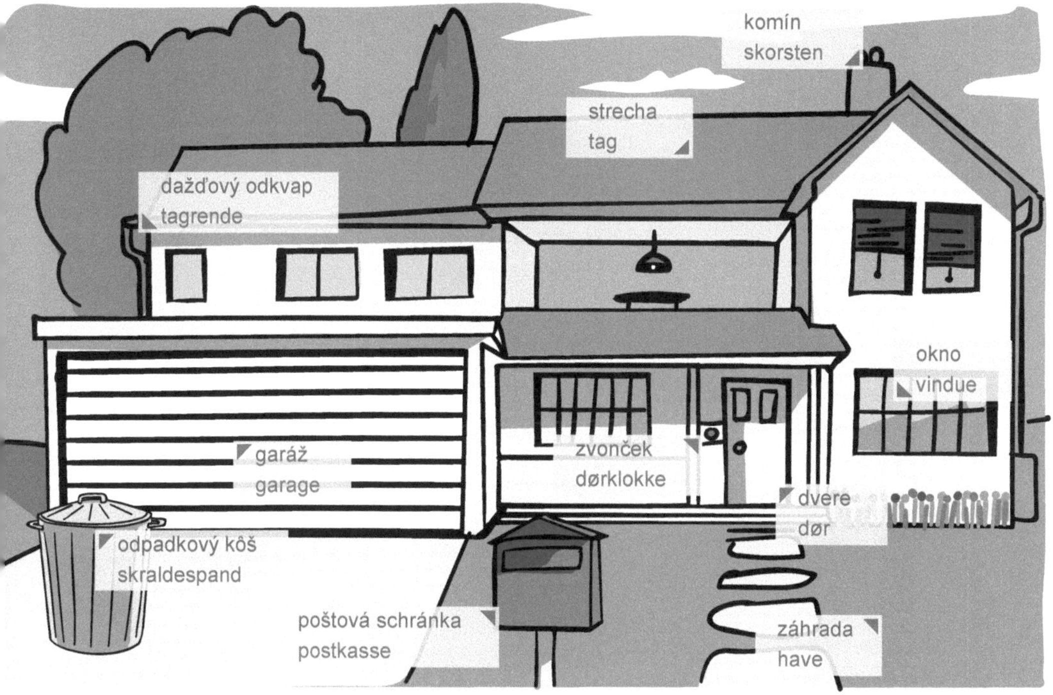

obývačka

stue

kúpeľňa

badeværelse

kuchyňa

køkken

spálňa

soveværelse

detská izba

børneværelse

jedáleň

spisestue

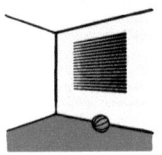

podlaha
gulv

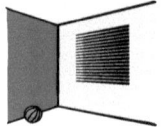

stena
væg

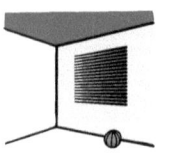

strop
loft

pivnica
kælder

sauna
sauna

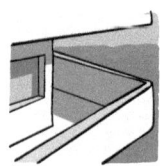

balkón
altan

terasa
terrasse

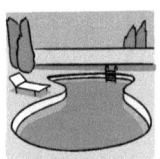

bazén
svømmehal

kosačka
plæneklipper

obliečka
dynebetræk

posteľná prikrývka
dyne

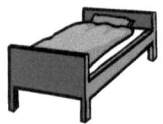

posteľ
seng

metla
kost

vedro
spand

vypínač
kontakt

obývačka
stue

tapeta
tapet
obraz
billede
lampa
lampe
regál
reol
skriňa
skab
televízor
fjernsyn
kozub
pejs
kvet
blomst
vankúš
pude
pohovka
sofa
váza
vase
diaľkové ovládanie
fjernbetjening

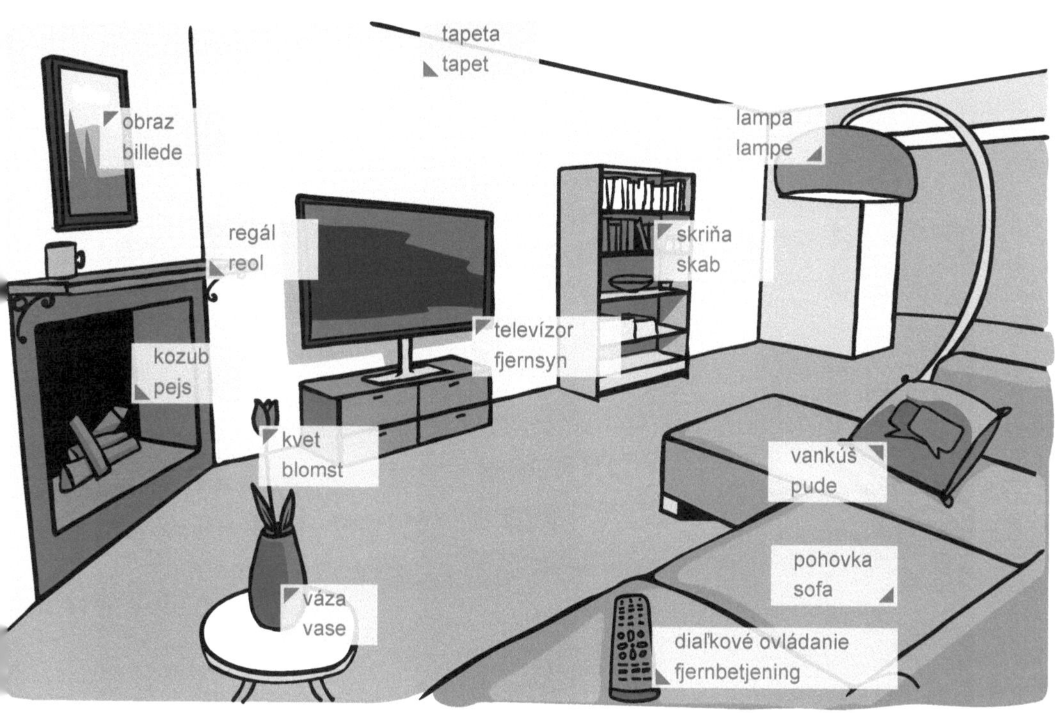

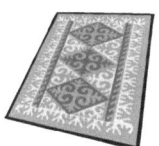

koberec

gulvtæppe

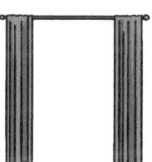

záclona

gardin

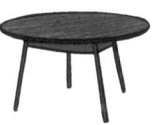

stôl

bord

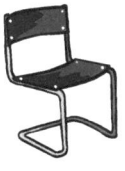

stolička

stol

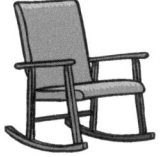

hojdacie kreslo

gyngestol

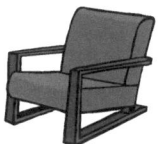

kreslo

lænestol

kniha

bog

prikrývka

tæppe

dekorácia

dekoration

drevo na kúrenie

brænde

film

film

hi-fi veža

stereoanlæg

kľúč

nøgle

noviny

avis

maľba

maleri

plagát

plakat

rádio

radio

zápisník

notesblok

vysávač

støvsuger

kaktus

kaktus

sviečka

lys

kuchyňa
køkken

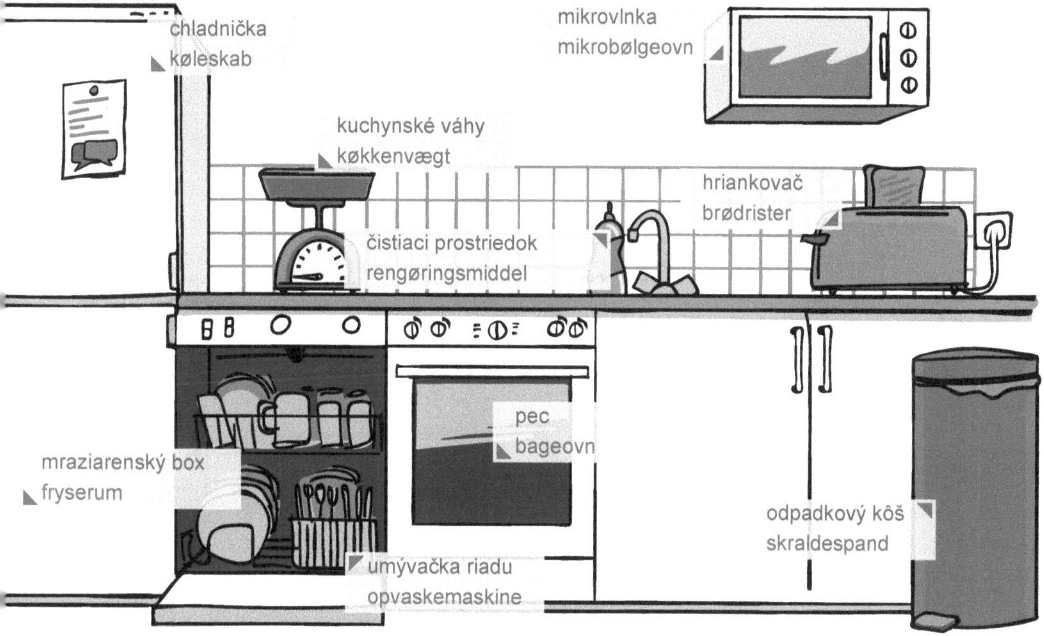
chladnička
køleskab
mikrovlnka
mikrobølgeovn
kuchynské váhy
køkkenvægt
hriankovač
brødrister
čistiaci prostriedok
rengøringsmiddel
pec
bageovn
mraziarenský box
fryserum
odpadkový kôš
skraldespand
umývačka riadu
opvaskemaskine

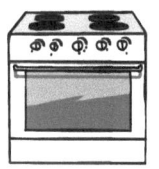

sporák
komfur

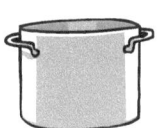

hrniec
gryde

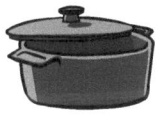

železný hrniec
jerngryde

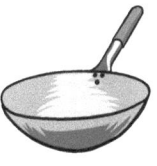

wok / kadai
wok / kadai

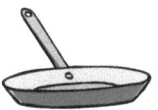

panvica
pande

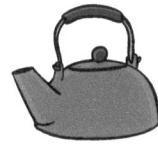

rýchlovarná kanvica
elkedel

parný hrniec

dampkoger

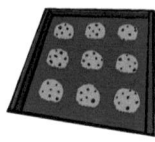

plech na pečenie

bageplade

riad

service

pohár

bæger

misa

skål

paličky

spisepinde

naberačka na polievku

øseske

stierka

paletkniv

metlička

piskeris

cedidlo

dørslag

sitko

si

strúhadlo

rive

mažiar

morter

gril

grille

ohnisko

ildsted

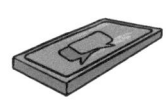

doska na krájanie

skærebræt

valček na cesto

kagerulle

vývrtka

proptrækker

konzerva

dåse

otvárač na konzervy

dåseåbner

chňapka

grydelap

výlevka

køkkenvask

kefa

børste

hubka

svamp

mixér

blender

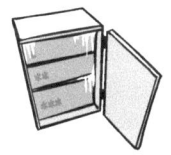

mraznička

dybfryser

kojenecká fľaša

sutteflaske

vodovodný kohútik

vandhane

kúpeľňa

badeværelse

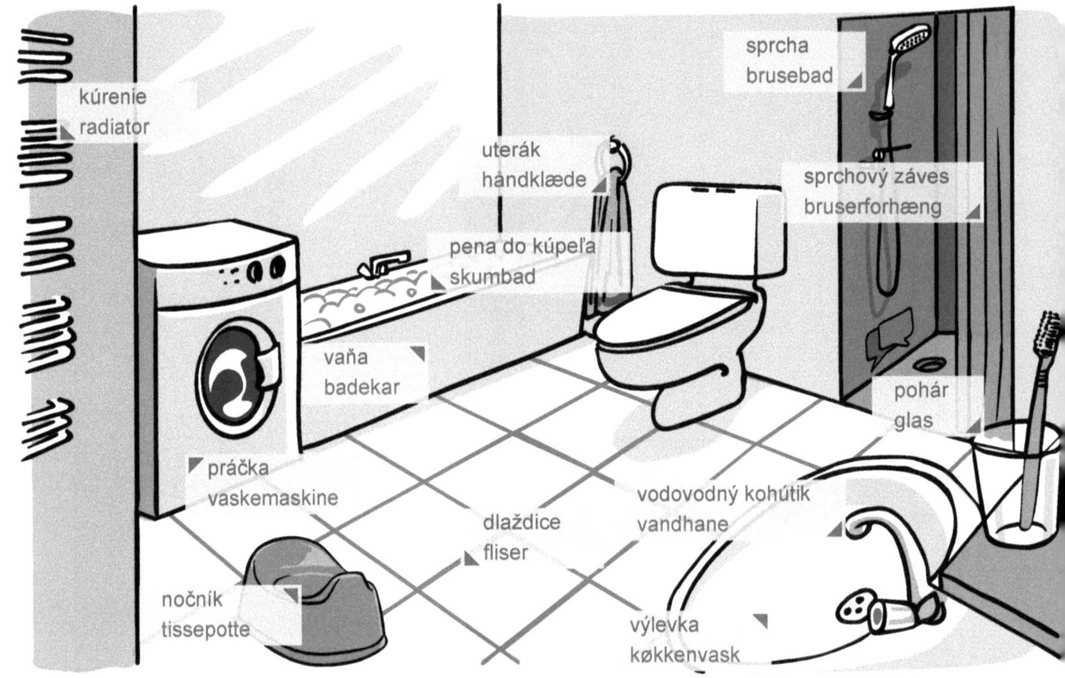
kúrenie
radiator
uterák
håndklæde
sprcha
brusebad
sprchový záves
bruserforhæng
pena do kúpeľa
skumbad
vaňa
badekar
pohár
glas
práčka
vaskemaskine
vodovodný kohútik
vandhane
dlaždice
fliser
nočník
tissepotte
výlevka
køkkenvask

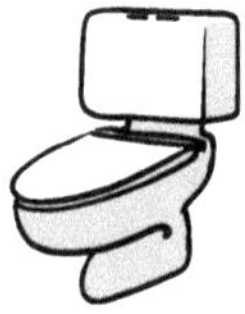

záchod

toilet

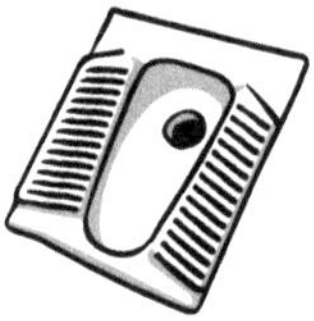

suchý záchod

hugsiddende toilet

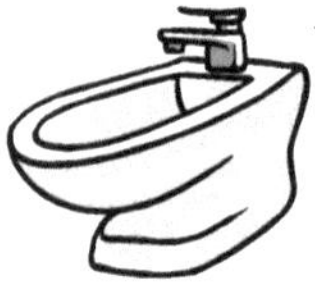

bidet

bidet

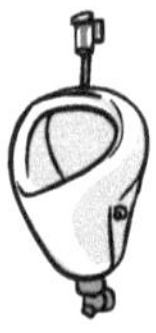

pisoár

pissoir

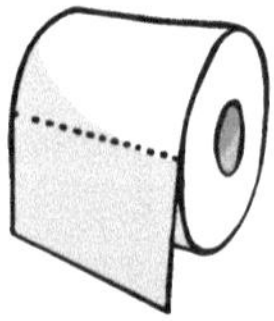

toaletný papier

toiletpapir

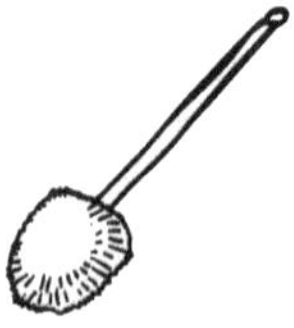

záchodová kefa

toiletbørste

zubná kefka

tandbørste

zubná pasta

tandpasta

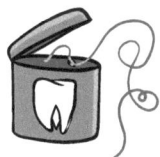

dentálna niť

tandtråd

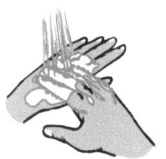

umývať

vaske

ručná sprcha

håndbruser

sprcha pre intímnu hygienu

intimbruser

umývadlo

vaskefad

kefa na chrbát

badebørste

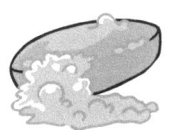

mydlo

sæbe

sprchový gél

brusegele

šampón

shampoo

frotírová rukavica

vaskeklud

odtok

afløb

krém

creme

dezodorant

deodorant

zrkadlo

spejl

kozmetické zrkadlo

kosmetikspejl

žiletka

barberhøvl

pena na holenie

barberskum

voda po holení

barbervand

hrebeň

kam

kefa

børste

sušič vlasov

hårtørrer

sprej na vlasy

hårspray

make-up

makeup

rúž

læbestift

lak na nechty

neglelak

vata

vat

nožnice na nechty

neglesaks

parfum

parfume

kozmetická taška

toilettaske

stolček

skammel

váha

vægt

kúpací plášť

badekåbe

gumové rukavice

gummihandsker

tampón

tampon

menštruačná vložka

damebind

chemické WC

kemisk toilet

detská izba
børneværelse

budík
vækkeur
plyšová hračka
bamse
hračkárske auto
legetøjsbil
hrkálka
skralde
domček pre bábiky
dukkehus
dar
gave

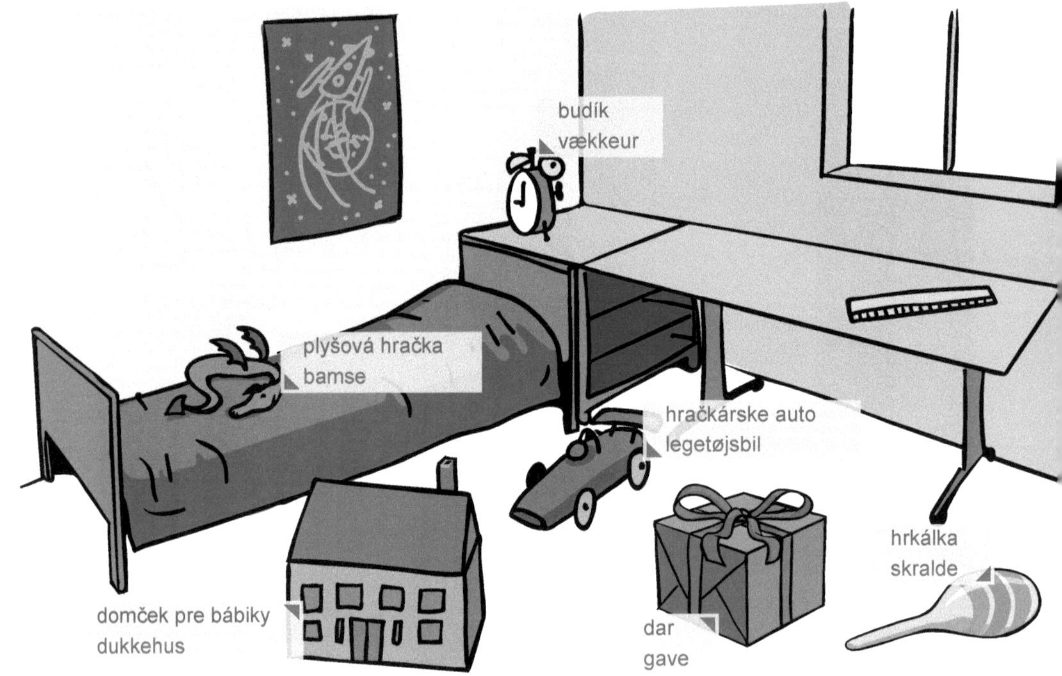

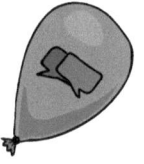

balón

ballon

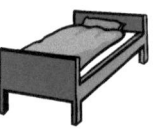

posteľ

seng

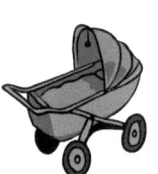

detský kočík

barnevogn

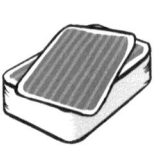

karty

kortspil

puzzle

puslespil

SUPER
MEGA

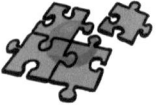

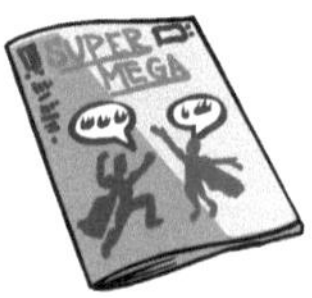

komix

tegneserie

skladačka lego

legoklodser

stavebnica

byggeklodser

akčná postavička

action figur

dupačky

sparkedragt

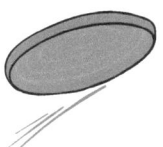

lietajúci tanier

frisbee

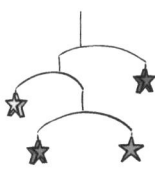

závesné hračky

uro

stolová hra

brætspil

kocka

terning

modelový vláčik

modeljernbane

cumlík

sut

párty

fest

obrázková kniha

billedbog

lopta

bold

bábika

dukke

hrať sa

lege

pieskovisko

sandkasse

hojdačka

gynge

hračky

legetøj

hracia konzola

spillekonsol

trojkolka

trehjulet cykel

medvedík

bamse

šatník

klædeskab

šatstvo

tøj

ponožky

sokker

pančuchy

strømper

pančuchové nohavičky

strømpebukser

šál
sjal

opasok
bælte

dáždnik
paraply

tričko
T-shirt

tenisky
sneakers

čižmy
støvler

papuče
hjemmesko

sandále	topánky	gumáky
sandaler	sko	gummistøvler

spodky	podprsenka	tielko
underbukser	BH	undertrøje

body
body

nohavice
bukser

džínsy
jeans

sukňa
nederdel

blúzka
bluse

košeľa
skjorte

pulóver
pullover

sveter
sweatshirt

blejzer
blazer

bunda
jakke

kabát
frakke

pršiplášť
regnfrakke

kostým
kostume

šaty
kjole

svadobné šaty
brudekjole

oblek
jakkesæt

nočná košeľa
nattrøje

pyžamo
pyjamas

sari
sari

šatka na hlavu
hovedtørklæde

turban
turban

burka
burka

kaftan
kaftan

abaja
abaya

dvojdielne plavky
badedragt

plavky
badebukser

šortky
korte bukser

teplákova súprava
træningsdragt

zástera
forklæde

rukavice
handsker

gombík
knap

okuliare
briller

náramok
armbånd

retiazka
kæde

prsteň
ring

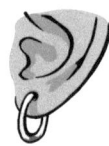

náušnica
ørering

čiapka
hue

vešiak
bøjle

klobúk
hat

kravata
slips

zips
lynlås

prilba
hjelm

traky
seler

školská uniforma
skoleuniform

uniforma
uniform

podbradník

hagesmæk

cumlík

sut

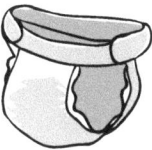

plienka

ble

kancelária

kontor

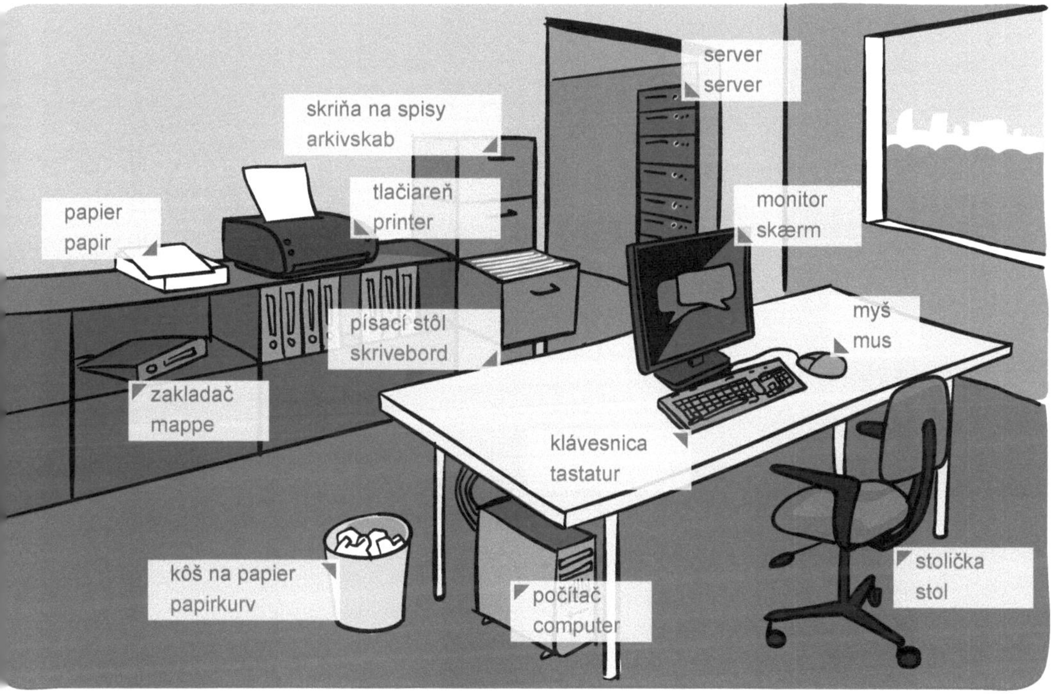

server
server

skriňa na spisy
arkivskab

tlačiareň
printer

monitor
skærm

papier
papir

písací stôl
skrivebord

myš
mus

zakladač
mappe

klávesnica
tastatur

kôš na papier
papirkurv

stolička
stol

počítač
computer

hrnček na kávu

kaffekrus

kalkulačka

lommeregner

internet

internet

laptop

bærbar

list

brev

správa

besked

mobil

mobil

sieť

netværk

kopírka

kopimaskine

softvér

software

telefón

telefon

elektrická zásuvka

stikdåse

fax

fax

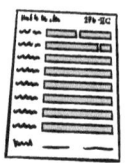

formulár

formular

doklad

dokument

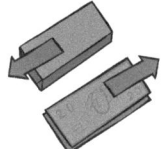

kúpiť

købe

platiť

betale

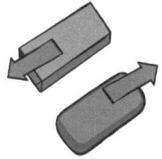

obchodovať

handle

peniaze

penge

dolár

dollar

euro

euro

jen

yen

rubeľ

rubel

švajčiarsky frank

schweizerfranc

čínsky jüan

renminbi yuan

rupia

rupee

bankomat

hæveautomat

zmenáreň

vekselkontor

zlato

guld

striebro

sølv

ropa

olie

energia

energi

cena

pris

zmluva

kontrakt

daň

skat

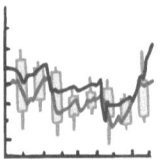

akcia

aktie

pracovať

arbejde

zamestnanec

ansat

zamestnávateľ

arbejdsgiver

továreň

fabrik

obchod

butik

policajt
politimand

hasič
brandmand

kuchár
kok

lekár
læge

pilót
pilot

záhradník

gartner

stolár

tømrer

krajčírka

syerske

sudca

dommer

chemik

kemiker

herec

skuespiller

vodič autobusu

buschauffør

taxikár

taxachauffør

rybár

fisker

upratovačka

rengøringskone

pokrývač

tagdækker

čašník

tjener

poľovník

jæger

maliar

maler

pekár

bager

elektrikár

elektriker

stavebný robotník

bygningsarbejder

inžinier

ingeniør

mäsiar

slagter

klampiar

vvs-mand

poštár

postbud

vojak

soldat

architekt

arkitekt

pokladník

kasserer

kvetinár

blomsterhandler

kaderník

frisør

sprievodca

togfører

mechanik

mekaniker

kapitán

kaptajn

zubár

tandlæge

vedec

videnskabsmand

rabín

rabbiner

imám

imam

mních

munk

farár

præst

náradie
værktøj

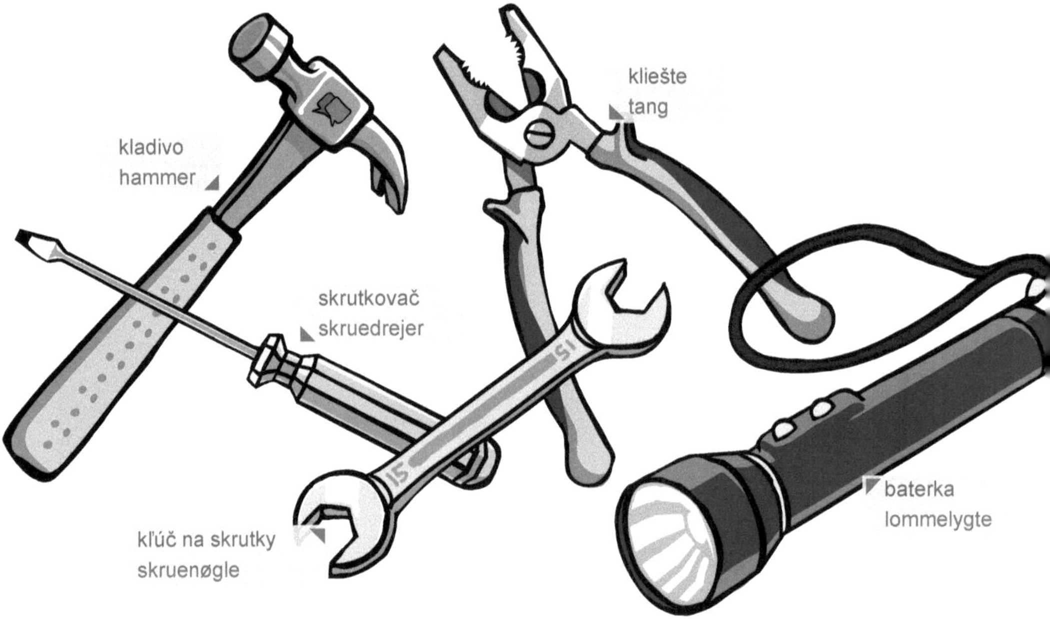

kliešte
tang
kladivo
hammer
skrutkovač
skruedrejer
baterka
lommelygte
kľúč na skrutky
skruenøgle

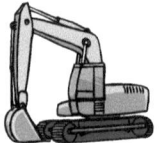

bager

gravemaskine

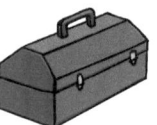

súprava náradia

værktøjskasse

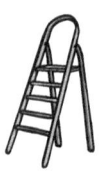

rebrík

stige

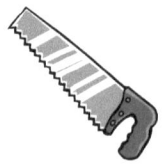

pílka

sav

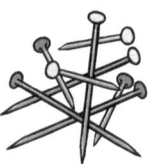

klince

søm

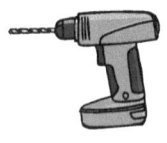

vrták

bor

opraviť

reparere

lopata

skovl

Do čerta!

Lort!

lopatka na smeti

fejebakke

nádoba s farbou

malerspand

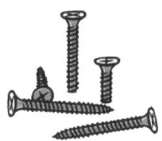

skrutky

skruer

hudobné nástroje
musikinstrumenter

reproduktor
højttaler

bicie
trommer ◢

kontrabas
kontrabas

trúbka
trompet

gitara
guitar ◢

klavír

klaver

husle

violin

basa

bas

tympany

pauke

bubon

tromme

klávesnica

keyboard

saxofón

saxofon

flauta

fløjte

mikrofón

mikrofon

ZOO

ZOO

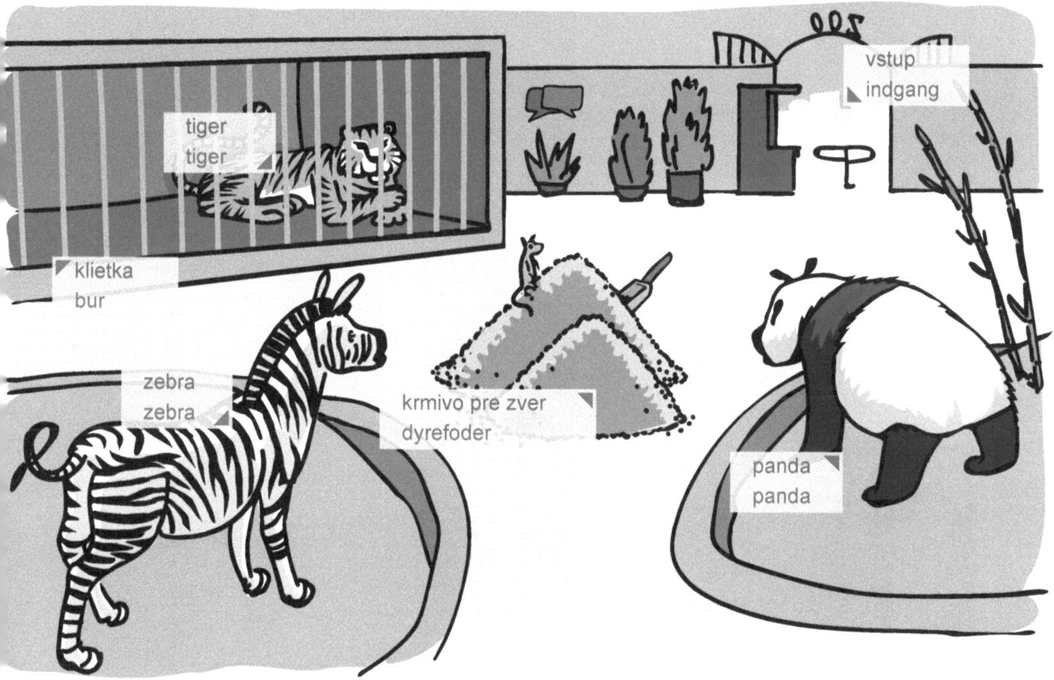
vstup
indgang
tiger
tiger
klietka
bur
zebra
zebra
krmivo pre zver
dyrefoder
panda
panda

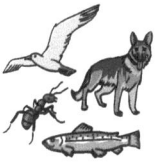

zvieratá

dyr

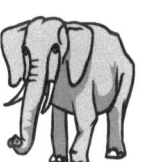

slon

elefant

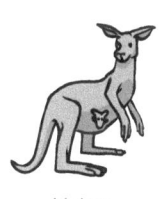

klokan

kænguru

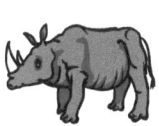

nosorožec

næsehorn

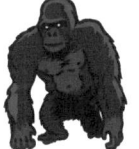

gorila

gorilla

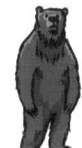

medveď

bjørn

ťava

kamel

pštros

struds

lev

løve

opica

abe

plameniak

flamingo

papagáj

papegøje

ľadový medveď

isbjørn

tučniak

pingvin

žralok

haj

páv

påfugl

had

slange

krokodíl

krokodille

ošetrovateľ v ZOO

dyrepasser

tuleň

sæl

jaguár

jaguar

poník
pony

leopard
leopard

hroch
flodhest

žirafa
giraf

orol
ørn

diviak
vildsvin

ryba
fisk

korytnačka
skildpadde

mrož
hvalros

líška
ræv

gazela
gazelle

americký futbal
amerikansk football

cyklistika
cykling

tenis
tennis

basketbal
basketball

plávanie
svømning

hokej
ishockey

box
boksning

futbal
fodbold

bedminton
badminton

ľahká atletika
atletik

hádzaná
håndbold

lyžovanie
skiløb

pólo
polo

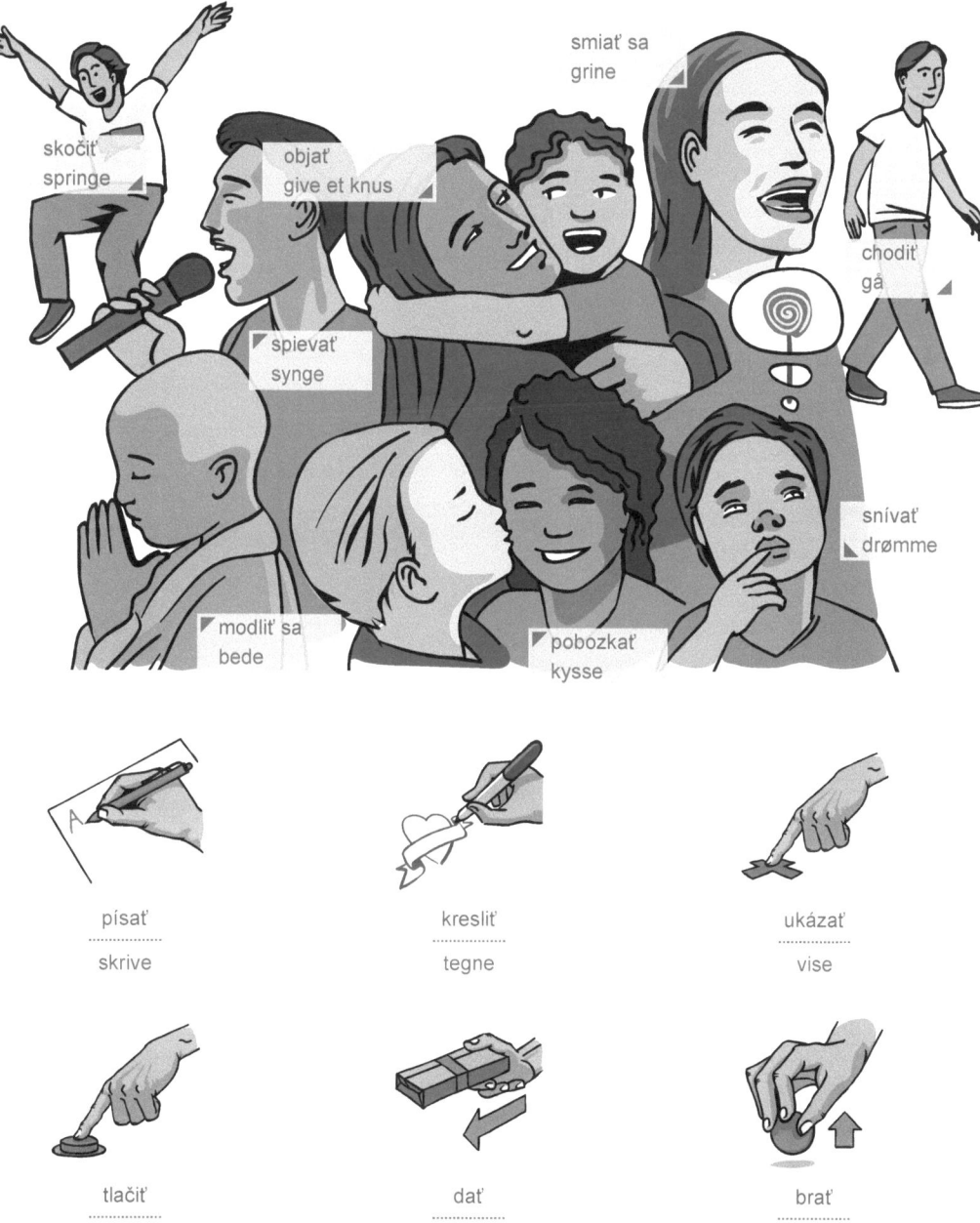

skočiť
springe

objať
give et knus

smiať sa
grine

chodiť
gå

spievať
synge

modliť sa
bede

pobozkať
kysse

snívať
drømme

písať
skrive

kresliť
tegne

ukázať
vise

tlačiť
skubbe

dať
give

brať
tage

mať
have

robiť
gøre

byť
være

stáť
stå

bežať
løbe

ťahať
trække

hádzať
kaste

padnúť
falde

ležať
ligge

čakať
vente

nosiť
bære

sedieť
sidde

obliecť sa
tage på

spať
sove

zobudiť sa
vågne

pozerať

se på

plakať

græde

hladkať

ae

česať

kæmme

hovoriť

tale

rozumieť

forstå

pýtať sa

spørge

počuť

høre

piť

drikke

jesť

spise

upratať

rydde op

milovať

elske

variť

koge

jazdiť

køre

letieť

flyve

aktivity - aktiviteter

plachtiť

sejle

počítať

regne

čítať

læse

učiť sa

lære

pracovať

arbejde

oženiť

gifte sig med

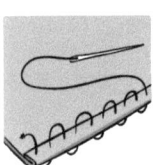

šiť

sy

čistiť zuby

børste tænder

zabiť

dræbe

fajčiť

ryge

poslať

sende

rodina
familie

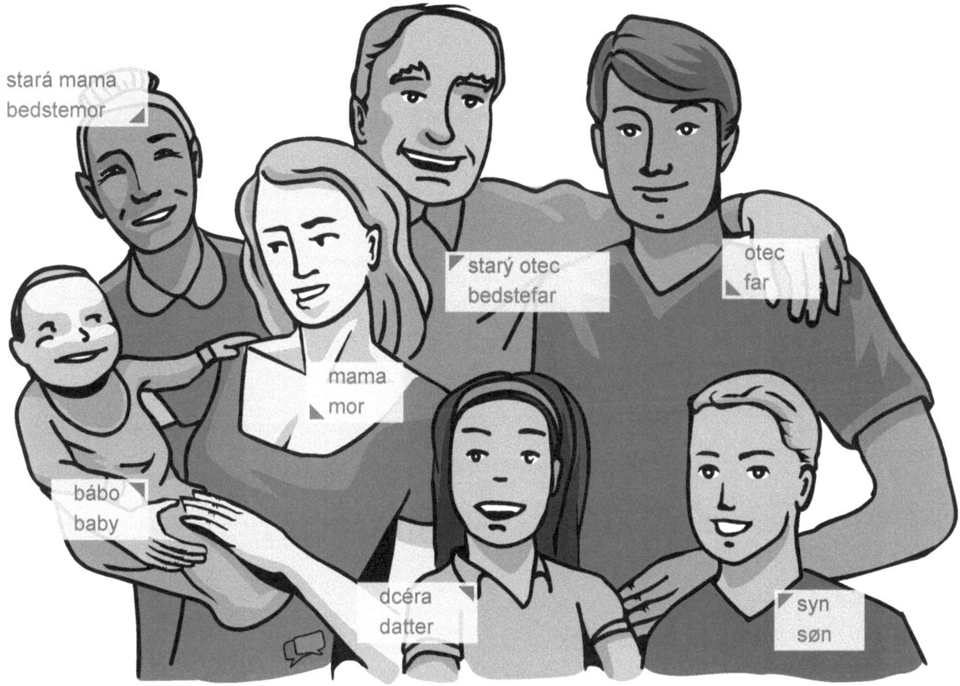
stará mama
bedstemor
starý otec
bedstefar
otec
far
mama
mor
bábo
baby
dcéra
datter
syn
søn

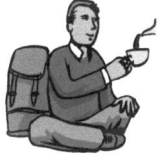

hosť

gæst

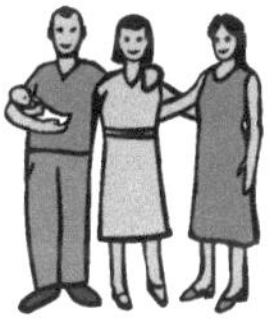

teta

tante

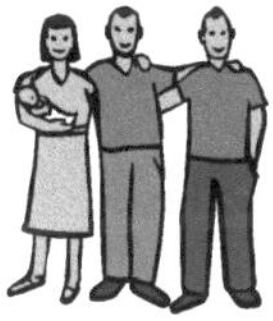

strýko

onkel

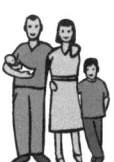

brat

bror

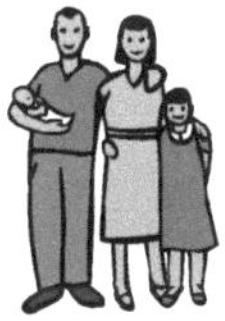

sestra

søster

telo
krop

čelo
pande
oko
øje
plece
skulder
prst
finger
tvár
ansigt
brada
hage
ruka
hånd
noha
ben
hruď
bryst
rameno
arm

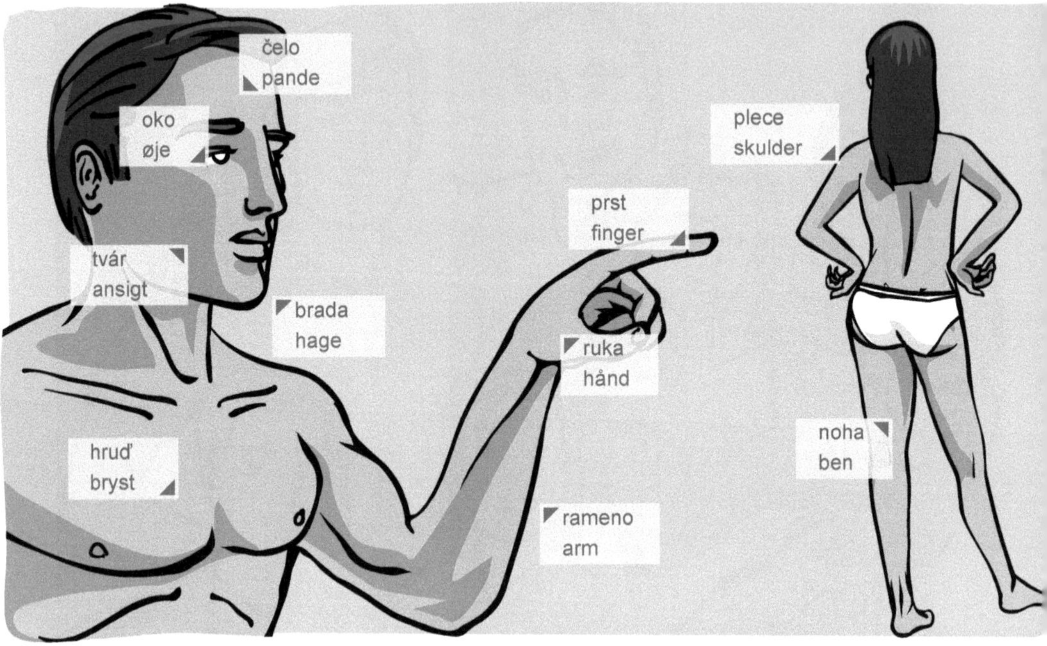

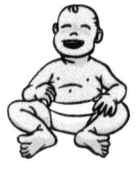

bábo
baby

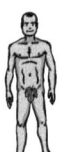

muž
mand

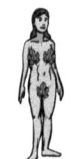

žena
kvinde

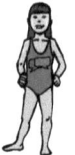

dievča
pige

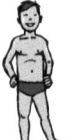

chlapec
dreng

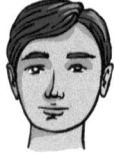

hlava
hoved

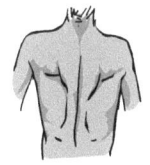

chrbát

ryg

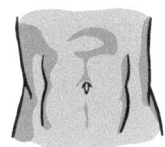

brucho

mave

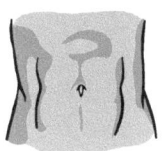

pupok

navle

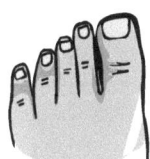

prst na nohe

tå

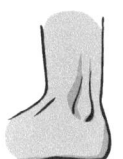

päta

hæl

kosť

knogle

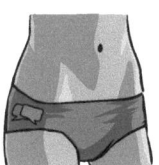

bok

hofte

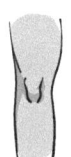

koleno

knæ

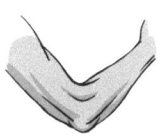

lakeť

albue

nos

næse

zadok

bagdel

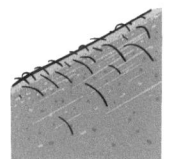

koža

hud

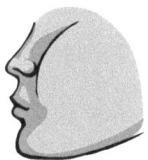

líce

kind

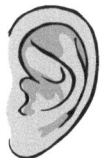

ucho

øre

pery

læbe

ústa
mund

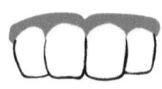

zub
tand

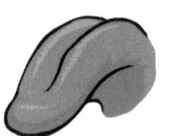

jazyk
tunge

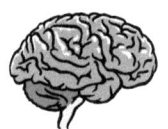

mozog
hjerne

srdce
hjerte

svaly
muskel

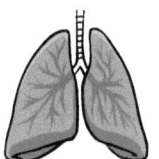

pľúca
lunge

pečeň
lever

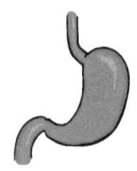

žalúdok
mavesæk

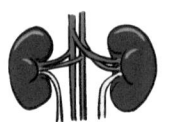

obličky
nyrer

pohlavný styk
sex

kondóm
kondom

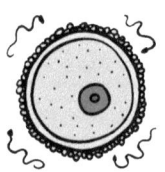

vaječná bunka
ægcelle

semeno
sperm

tehotenstvo
svangerskab

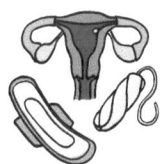

menštruácia

menstruation

vagína

vagina

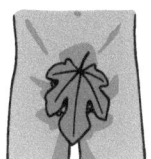

penis

penis

obočie

øjenbryn

vlasy

hår

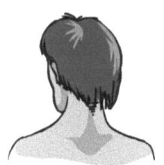

krk

hals

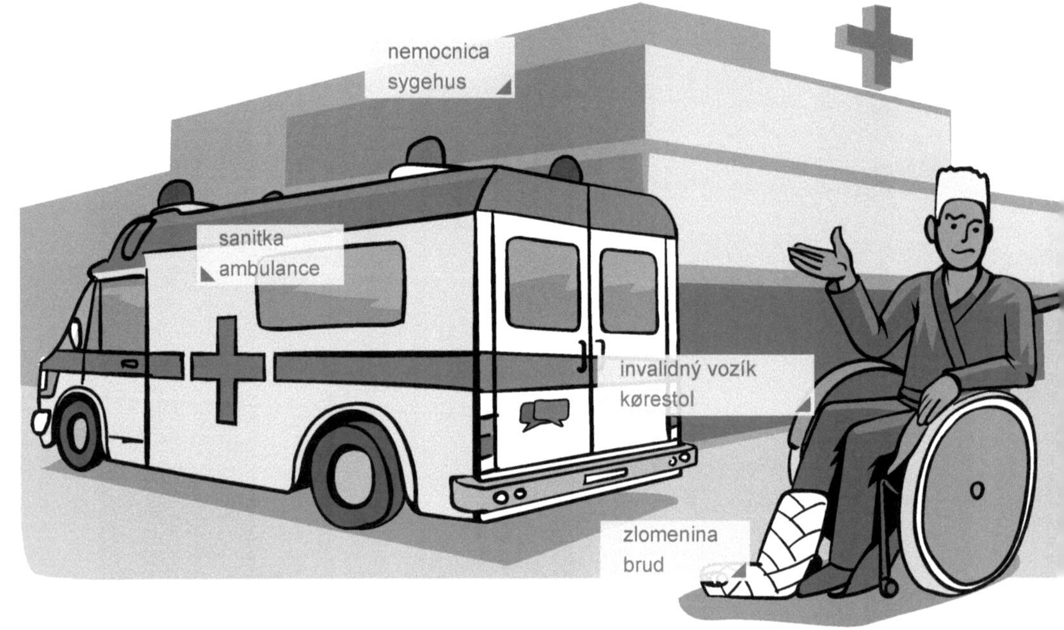

nemocnica
sygehus

sanitka
ambulance

invalidný vozík
kørestol

zlomenina
brud

lekár

læge

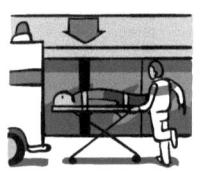

urgentný príjem

akutmodtagelse

sestrička

sygeplejerske

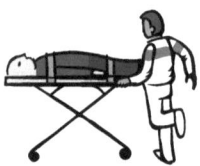

urgentný prípad

nødstilfælde

v bezvedomí

bevidstløs

bolesť

smerte

zranenie

skade

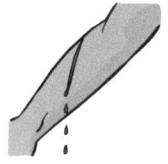

krvácanie

blødning

srdcový infarkt

hjerteinfarkt

mozgová porážka

slagtilfælde

alergia

allergi

kašeľ

hoste

teplota

feber

chrípka

influenza

hnačka

diarré

bolesť hlavy

hovedpine

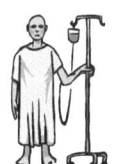

rakovina

kræft

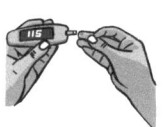

cukrovka

diabetes

chirurg

kirurg

skalpel

skalpel

operácia

operation

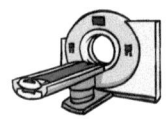

CT

CT

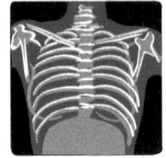

RTG

røntgen

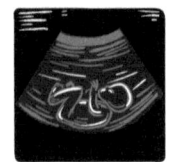

ultrazvuk

ultralyd

maska

maske

choroba

sygdom

čakáreň

venteværelse

barla

krykke

náplasť

plaster

obväz

forbinding

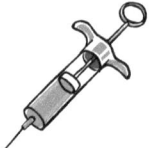

injekcia

injektion

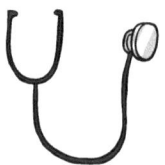

fonendoskop

stetoskop

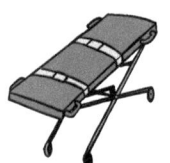

nosidlá

båre

teplomer

termometer

pôrod

fødsel

nadváha

overvægt

audiofón

høreapparat

dezinfekčný prostriedok

desinficerende middel

infekcia

infektion

vírus

virus

HIV / AIDS

HIV / AIDS

medicína

medicin

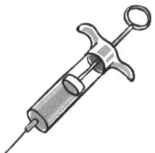

očkovanie

vaccination

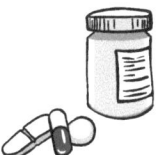

tabletky

tabletter

antikoncepčná pilulka

pille

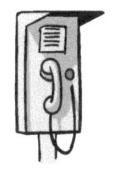

tiesňové volanie

nødopkald

tlakomer

blodtryksmåler

chorý / zdravý

syg / rask

Pomoc!

Hjælp!

alarm

alarm

prepad

overfald

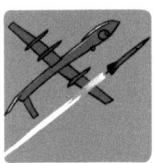

útok

angreb

nebezpečenstvo

fare

núdzový východ

nødudgang

Horí!

Det brænder!

hasičský prístroj

ildslukker

nehoda

uheld

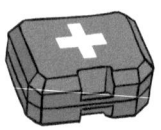

kufrík prvej pomoci

førstehjælps-kuffert

SOS

SOS

polícia

politi

Európa

Europa

Severná Amerika

Nordamerika

Južná Amerika

Sydamerika

Afrika

Afrika

Ázia

Asien

Austrália

Australien

Atlantický oceán

Atlanterhavet

Tichý oceán

Stillehavet

Indický oceán

Indiske Ocean

Južný oceán

Sydlige Ishav

Severný ľadový oceán

Ishav

Severný pól

Nordpol

Južný pól
·············
Sydpol

Antarktída
·············
Antarktis

Zem
·············
Jorden

krajina
·············
land

more
·············
hav

ostrov
·············
ø

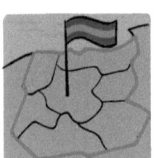

národ
·············
nation

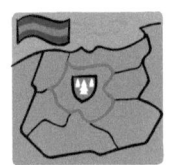

štát
·············
stat

ciferník

urskive

hodinová ručička

timeviser

minútová ručička

minutviser

sekundová ručička

sekundviser

Koľko je hodín?

Hvad er klokken?

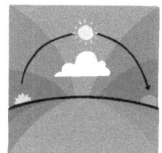

deň

dag

čas

tid

teraz

nu

digitálne hodiny

digitalur

minúta

minut

hodina

time

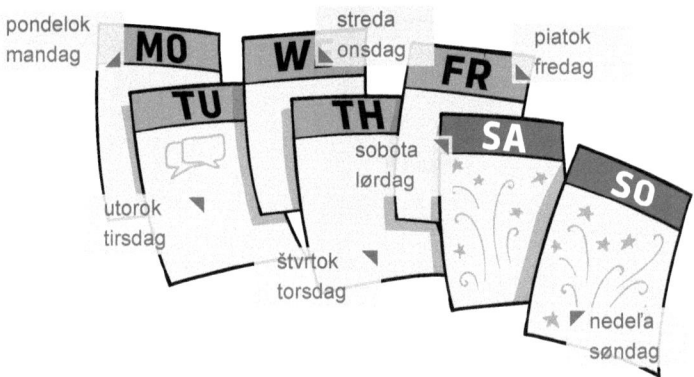

pondelok / mandag — MO
streda / onsdag — W
piatok / fredag — FR
utorok / tirsdag — TU
štvrtok / torsdag — TH
sobota / lørdag — SA
nedeľa / søndag — SO

včera
i går

dnes
i dag

zajtra
i morgen

ráno
morgen

poludnie
middag

večer
aften

pracovné dni
arbejdsdage

víkend
weekend

rok
år

dážď
regn
dúha
regnbue
vietor
vind
sneh
sne
jar
forår
leto
sommer
jeseň
efterår
zima
vinter

4.APRIL 11°
5.APRIL 4°
6.APRIL 13°
7.APRIL 8°
8.APRIL 10°

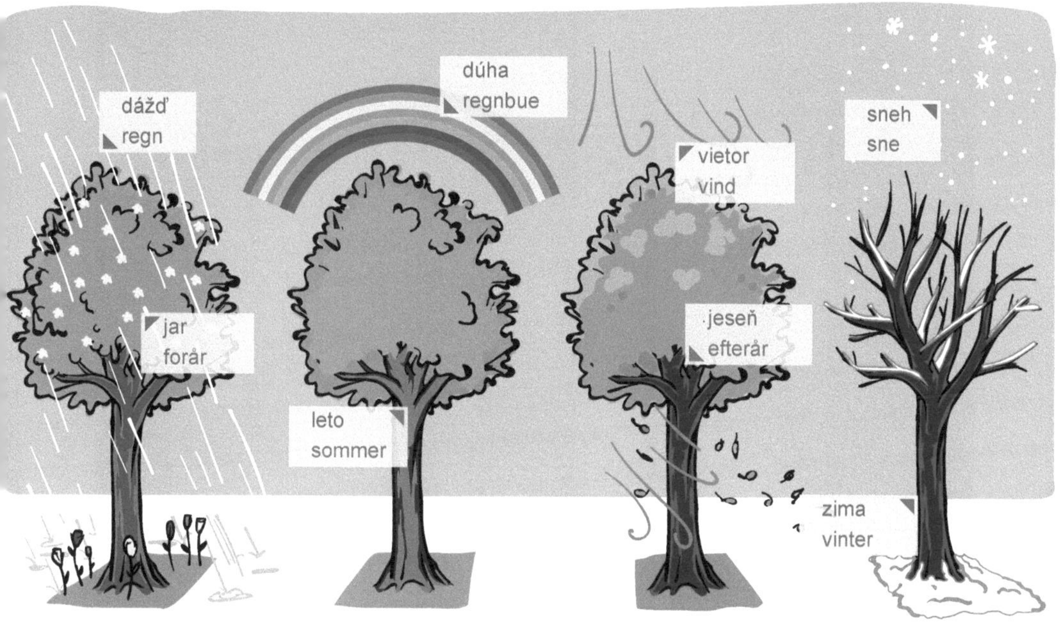

predpoveď počasia

vejrudsigt

F C
120 90 60 30 0 -30
40 30 20 10 0 -10 -20

teplomer

termometer

slnečný svit

solskin

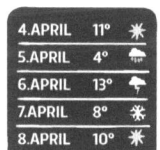

oblak

sky

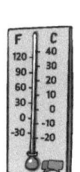

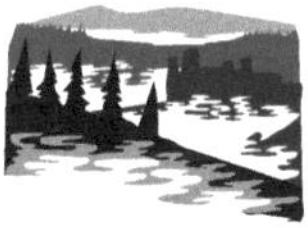

hmla

tåge

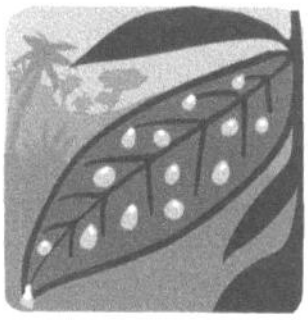

vlhkosť vzduchu

luftfugtighed

blesk

lyn

hrom

torden

búrka

storm

krúpy

hagl

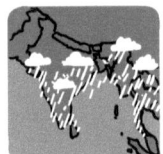

monzún

monsun

záplava

flod

ľad

is

január

januar

február

februar

marec

marts

apríl

april

máj

maj

jún

juni

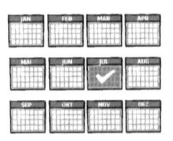

júl

juli

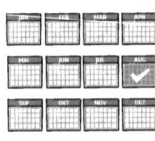

august

august

september
·················
september

október
·················
oktober

november
·················
november

december
·················
december

kruh
·················
cirkel

štvorec
·················
kvadrat

obdĺžnik
·················
firkant

trojuholník
·················
trekant

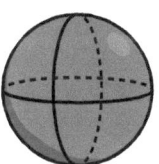

guľa
·················
kugle

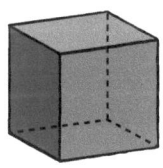

kocka
·················
terning

farby
farver

biela

hvid

žltá

gul

oranžová

orange

ružová

pink

červená

rød

fialová

lilla

modrá

blå

zelená

grøn

hnedá

brun

šedá

grå

čierna

sort

veľa / málo

meget / lidt

zúrivý / pokojný

rasende / fredelig

pekný / škaredý

smuk / grim

začiatok / koniec

begyndelse / slut

veľký / malý

stor / lille

svetlý / tmavý

lys / mørk

brat / sestra

bror / søster

čistý / špinavý

ren / snavset

úplný / neúplný

fuldkommen / ufuldkommen

deň / noc

dag / nat

mŕtvy / živý

død / levende

široký / úzky

bred / smal

chutný / nechutný

spiselig / uspiselig

zlostný / láskavý

vred / venlig

vzrušený / unudený

ophidset / kedet

tlstý / chudý

tyk / tynd

prvý / posledný

først / sidst

priateľ / nepriateľ

ven / fjende

plný / prázdny

fuld / tom

tvrdý / mäkký

hård / blød

ťažký / ľahký

tung / let

hlad / smäd

sult / tørst

chorý / zdravý

syg / rask

nelegálny / legálny

illegal / legal

inteligentný / hlúpy

intelligent / dum

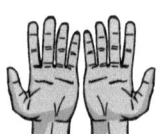

vľavo / vpravo

venstre / højre

blízko / ďaleko

nær / fjern

nový / použitý

ny / brugt

nič / niečo

intet / noget

starý / mladý

gammel / ung

zapnuté / vypnuté

tændt / slukket

otvorené / zatvorené

åben / lukket

tichý / hlasný

stille / højt

bohatý / chudobný

rig / fattig

správne / nesprávne

rigtig / forkert

drsný / hladký

ru / glat

smutný / šťastný

ked af det / lykkelig

krátky / dlhý

kort / lang

pomaly / rýchlo

langsom / hurtig

mokrý / suchý

våd / tør

teplý / studený

varm / kold

vojna / mier

krig / fred

0

nula

nul

1

jeden

en

2

dva

to

3

tri

tre

4

štyri

fire

5

päť

fem

6

šesť

seks

7

sedem

syv

8

osem

otte

9

deväť

ni

10

desať

ti

11

jedenásť

elleve

12

dvanásť
tolv

13

trinásť
tretten

14

štrnásť
fjorten

15

pätnásť
femten

16

šestnásť
seksten

17

sedemnásť
sytten

18

osemnásť
atten

19

devätnásť
nitten

20

dvadsať
tyve

100

sto
hundrede

1.000

tisíc
tusinde

1.000.000

milión
million

angličtina

engelsk

americká angličtina

amerikansk engelsk

mandarínska čínština

kinesisk mandarin

hindčina

hindi

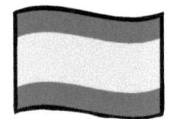

španielčina

spansk

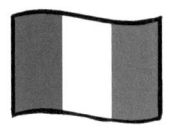

francúzština

fransk

arabčina

arabisk

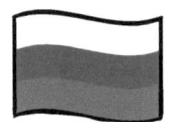

ruština

russisk

portugalčina

portugisisk

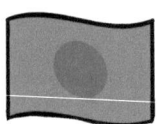

bengálčina

bengalsk

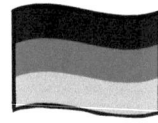

nemčina

tysk

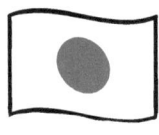

japončina

japansk

ja

jeg

ty

du

on/ona/ono

han / hun / den / det

my

vi

vy

I

oni

de

kto?

hvem?

čo?

hvad?

ako?

hvordan?

kde?

hvor?

kedy?

hvornår?

meno

navn

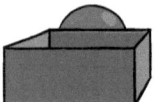

za

bag

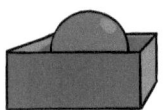

v

i

pred

foran

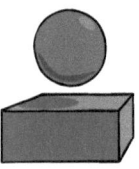

nad

over

na

på

pod

under

vedľa

ved siden af

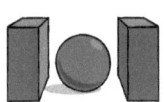

medzi

imellem

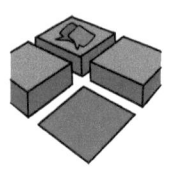

miesto

sted